LETTRE

SUR

LA RÉVOLUTION DE 1815,

A M. L'ABBÉ BARRUEL,

Auteur d'un Libelle dont j'ai oublié le titre.

Par Victor AUGIER, Avocat.

Ridiculum acri.

A PARIS,

Chez les Marchands de Nouveautés.

1815.

LETTRE

A M. L'ABBÉ BARRUEL.

Vous souvient-il, M. l'abbé, du courage héroïque avec lequel vous attaquâtes, l'an passé, ce pauvre Grégoire? Votre ouvrage fit du bruit : on le préférait à *la Lanterne magique* et à *la France telle qu'elle est, telle qu'elle doit être* (1). Il était un peu faible de raisonnement ; mais la partie des injures était soignée.

Je n'avais pour lors rien à faire. Il me prit fantaisie de vous répondre. En deux heures ma lettre fut terminée. Je la portai à l'imprimeur. Elle parut le jour suivant.

Mais le censeur royal de mon département qui, sans doute, n'avait pas lu la

---

(1) Petite brochure de M. Doméay de Rienzi, noble de 1814.

4

charte constitutionnelle de Louis XVIII, s'avisa d'en arrêter la publication. Mon libraire en fut pour ses frais.

Elle était polie pourtant cette lettre, M. l'abbé. J'y vantais votre modération, la noblesse de vos sentimens, la pureté de votre conduite; j'y vantais même, je crois, votre style. Peut-on être plus poli? Eh bien! le censeur trouva cela mauvais. Il vit partout de l'ironie. Est-ce qu'il vous connaît, l'abbé, ce censeur?

Je vous écris de nouveau. Répondez-moi si vous voulez. Vos ouvrages m'amusent beaucoup. Mais ne me dites pas d'injures. J'ai vingt-deux ans et je suis Provençal.

Que pensez-vous aujourd'hui des républicains, mon cher abbé? Vous m'aviez étrangement abusé sur leur compte. Je m'étais figuré ces gens-là comme des séditieux, des buveurs de sang, *des hommes infernaux,* insolens dans la prospérité, lâches et rampans dans le malheur. Je les ai vus une année entière sous le joug de leurs ennemis : leur contenance fière m'a étonné. Je les vois maintenant à côté du char du triomphateur : leur modération m'étourdit.

5

Vous aviez vos raisons sans doute, l'abbé, lorsque, dans vos écrits incendiaires, vous faisiez entendre que le peuple devait être une machine sans yeux ni bras. S'il avait eu des yeux, il aurait été indigné de voir le ministre d'un dieu de paix allumer les torches du fanatisme et de la vengeance. S'il avait eu des bras...... Ma foi, M. l'abbé, il est bon pour vous que le peuple n'ait point de bras.

Et quel est ce principe de propriété légitime sur lequel vous fondez le salut de la nation? Quoi! ce n'est qu'en nous livrant absolument à une famille que nous pouvons être heureux! Mais connaissez-vous la définition de la propriété? C'est le droit *utendi et abutendi re suâ* (vous savez le latin?) Or, un monarque légitime, comme Louis XVIII, jeté par le hasard ou par les Anglais sur le trône de France, n'a qu'à vouloir nous couvrir de chaînes, mettre notre gloire en jugement, livrer nos richesses à l'étranger : ne serons-nous pas un peuple bien fortuné?

Vous avez vu, sous le meilleur des gouvernemens possibles, les Français séparés en deux classes. D'une part, tous les honneurs, toutes les dignités ; de l'autre , toutes les humiliations , toutes les charges. De bonne foi, croyez-vous que la nature ait divisé d'une manière si inégale les sacrifices qu'impose la société , et les avantages qui doivent en résulter ?

Les nobles ont mérité notre considération, tant qu'ils ont combattu pour la France. Mais lorsqu'appelant le secours impie de l'étranger, ils sont venus déchirer le sein de la patrie, nous n'avons dû voir en eux que des ennemis, des rebelles.

Et c'est une caste pareille que l'on nous préférait exclusivement ! Et c'est devant elle qu'il fallait nous humilier ! Et c'est pour elle seule qu'existait la France !

Il est permis au faible rejeton d'une race abâtardie, à un monarque qui n'a d'illustre que son nom, de protéger des principes aussi révoltans. Il est permis à un homme dont tout le mérite est dans le souvenir de quelques siècles, de chercher à maintenir ces ridicules préjugés. Mais vous, l'abbé, qui n'êtes pas roi et qui n'avez point d'aïeux, pourquoi attaquer avec tant d'acharnement ceux qui vous avaient élevé au rang de citoyen? Pourquoi vous ranger du côté des nobles qui vous ont toujours méprisé, au lieu d'embrasser la cause du peuple qui ne vous méprisait pas alors?

Ce n'est pas que votre secours lui fût nécessaire. Un grand homme veillait sur lui; et ce héros, qui avait sacrifié un trône à notre bonheur, n'a pas craint d'exposer ses jours pour nous soustraire à la tyrannie affreuse qui nous menaçait. Votre idole est renversée de nouveau.

Que faire maintenant, monsieur l'abbé? A votre place, je serais dans un terrible embarras; mais vous êtes souple, vous êtes adroit, avec cela on se tire de tout.

Il n'y a pas long-temps qu'un royaliste, voyant les émigrés comblés d'honneurs et de récompenses, se désespérait, devant moi, de n'avoir pas suivi ses princes *légitimes* dans leur exil. La perte de ses biens, de sa famille, de son pays, rien ne l'arrêterait si l'occasion se présentait encore. Cette occasion se présente. Que pensez-vous que fait le zélé Bourbonniste? Il crie : vive l'Empereur!

Raisonnons un peu, l'abbé. Vous devez

être bien aise de revenir sur vos pas ; on ne
vous paye plus pour écrire des sophismes.
Convenez avec moi que cette famille à laquelle vous vouliez nous livrer en toute propriété, ne mérite pas de régner sur un peuple
tel que nous. Convenez que vous avez été
malheureux dans vos citations, en nous
vantant les bienfaits de Saint-Louis et de
Louis XIV (1). Ne vous souvenait-il pas que
le premier de ces princes entreprit la guerre,
aussi inutile qu'injuste, des croisades ; et que
le second, despote au commencement de
son règne, faible à la fin, priva la France
de la partie la plus industrieuse de ses habitans, par la révocation de l'édit de Nantes ?
Il valait mieux nous parler de Henri IV, de
ce modèle des rois, que des républicains
auraient respecté, et qui fut assassiné par un
moine, l'abbé.

Mais je suppose un instant que tous les

______

(1) Je rends justice à ces monarques dont l'un fut
peut-être supérieur à son siècle, et dont l'autre se
montra digne du sien ; mais je n'aime pas qu'on nous
les cite à chaque instant comme des princes accom-
plis.

Bourbons ont été grands, vertueux. Faudra-t-il en conclure que nous devons nous livrer sans réserve aux prétendus héritiers de leur trône? Le sang ment quelquefois, mon cher abbé. Voyez ces princes dont le chef se laissa conduire à l'échafaud plutôt que de coûter la vie à un Français; voyez-les, après avoir lâchement abandonné leur capitale, parcourir les provinces pour les soulever, et mettre dans les mains de leurs aveugles partisans, des armes dont ils n'osent pas se servir eux-mêmes.

Qu'ont-ils *appris*, qu'ont-ils *oublié*, eux, auxquels le malheur aurait dû tout apprendre, eux, qui avaient juré de tout oublier? Ils arrivent avec des proclamations bassement libérales; et la pensée même reçoit bientôt des chaînes. Ils annoncent qu'ils conserveront à chacun ses places, ses dignités; et ils éliminent d'abord ceux qui ne leur ont pas été dévoués. Ils se disent fiers de la gloire de nos armées; et la décoration des braves est avilie, et les récompenses qui sont dues à leurs cicatrices, on les prodigue à des parchemins, et un Berri ose maltraiter nos héros!

La mort, voilà ce qui attendait les régicides, les principaux partisans de Napoléon. Un esclavage absolu, voilà ce qui était ré- servé à la France entière. Vous le saviez, l'abbé, vous qui sans doute avez lu les con- seils de Pichegru aux Bourbons; vous le saviez, et vous riiez sous cape. Vous pensiez aux prérogatives du clergé, à la dîme, aux excommunications. Il est si doux à un calotin de dominer et de se venger!

Mais on perd tout souvent par trop de précipitation. Si, au lieu de se démasquer presque tout à coup, les Bourbons avaient laissé calmer peu à peu l'enthousiasme des troupes pour Napoléon, s'ils n'avaient pas alarmé les propriétaires des biens nationaux, qu'il fallait rassurer pour les dépouiller plus aisément, s'ils avaient endormi ceux qu'ils voulaient punir ou subjuguer, peut-être serions-nous encore sous leur domination; peut-être n'aurions-nous secoué le joug pen- dant vingt-cinq ans que pour le voir retom- ber plus pesant sur nos têtes; peut-être nos petits-fils, les petits-fils des vainqueurs du monde auraient-ils été attachés à la glèbe. Un orgueil imprudent, un ressentiment aveugle, des conseillers perfides ou égarés

ont sauvé la France, en précipitant les Bourbons dans l'abîme.

Vous aviez tort, mon féal, de penser
qu'une ordonnance royale pouvait nous faire
oublier nos droits, pouvait ramener l'ignorance et la superstition. Nous sommes dans
le siècle des lumières : les nobles même sa-
vent lire.

Et quel Français, après que la philosophie,
après que la bassesse des nobles (1) ont brisé
le prisme à travers lequel nous étions accou-
tumés à les voir; quel Français consentirait
à redevenir serf, à inonder la terre de ses
sueurs pour enrichir l'être vil qui, dans son
insolent repos, refuse à l'ouvrier le prix même
de ses labeurs (2)!

Vous n'avez pas vu, monsieur l'abbé, les
transports de joie que le retour de l'Empereur excitait en tous lieux; vous ne l'avez
pas suivi depuis Lyon jusqu'à sa capitale : je

____

(1) On sait de quels nobles je veux parler.
(2) Dans la Bourgogne et dans plusieurs autres provinces, les *seigneurs* venaient de fixer à quinze sous
par jour le salaire des agriculteurs, qui auparavant
s'élevait jusqu'à trente-six sous.

l'ai suivi, moi; j'ai entendu les bénédictions dont le comblait un peuple reconnaissant. J'ai entendu un vieillard qui s'écriait dans son ivresse : *Je mourrai tranquille à présent ; mes enfans ne seront plus exposés aux outrages des nobles.*

C'est en abolissant leurs priviléges odieux, c'est en distribuant avec justice les honneurs et les récompenses, c'est en gouvernant les Français comme on doit gouverner un peuple libre, que Napoléon assure à sa dynastie le trône qu'il doit à son courage et à notre amour (1).

A notre amour! quel souverain éprouva

____

(1) Les véritables partisans de Napoléon, et il en a beaucoup, n'ont pas attendu la chute de *Louis-le-Désiré* pour manifester leurs sentimens. Voici une lettre adressée au comte Bertrand, dans le mois de novembre dernier :

Monseigneur,

Deux étudians en droit, dont l'un est le fils d'un homme célèbre, et dont l'autre cherche à se faire un nom dans la littérature, sollicitent votre protection pour obtenir de l'emploi dans l'île d'Elbe.

Vingt-deux ans, du courage, quelques talens, un dévouement à toute épreuve, sont leurs titres à votre plus que lui les bienfaits de l'opinion? Ces Capets, dont on a tant prôné la légitimité, ont eu besoin, *pour rentrer dans leurs droits,* d'être soutenu par cinq cent mille guerriers que la France ne leur avait pas fournis. Napoléon débarque sur nos plages avec quelques-uns de nos frères; il ne fait aucune promesse fallacieuse; il n'abolit point les *droits réunis* pour les rétablir ensuite; il n'apporte point une paix secrètement achetée au prix de notre honneur; il n'invoque point les vertus de ses pères; il se nomme, il fait un appel aux braves : toute la France y répond.

Ce serait ici le cas, mon cher abbé, de faire une belle dissertation sur les princes légitimes et les usurpateurs; mais je n'aime pas à disserter quand les faits parlent eux-mêmes. Il sera plus utile pour vous et plus agréable pour moi de suivre l'Empereur dans les divers actes de son administration. Je ne désespère pas de vous ramener aux bons principes, l'abbé; et certes une pareille con-

bienveillance. Heureux s'ils peuvent vivre et mourir auprès des héros qu'ils adorent.

Ils ont l'honneur, etc.

Signés C. O. Barbaroux, Victor Augier.

version me ferait honneur aux yeux de ceux qui n'en devineraient pas la cause.

Napoléon remonte sur le trône; et loin d'attribuer son élévation à lui seul, comme un prince français n'avait pas craint d'attribuer la sienne à un Régent d'Angleterre, il reconnaît qu'il la doit toute entière à la nation. Il ne rougit pas d'être l'ouvrage du peuple, parce qu'il sait que le choix du peuple est un titre plus sacré que le hasard de la naissance. Il ose nous rendre nos droits, notre liberté, parce qu'il se sent capable de commander à des citoyens, à des hommes libres.

Un monarque dont les prétentions reposaient sur une chimère, dont la force consistait dans le secours des ennemis, nous imposa une constitution qu'il nous appartenait de lui offrir. Napoléon appelle toute la France à concourir avec lui aux lois fondamentales de l'état.

Ce monarque savait que la nation abhorrait le joug du clergé, et ce monarque ne s'était entouré que de prêtres, et des ordonnances ridicules avaient été rendues pour faire revivre des coutumes superstitieuses depuis long-temps abolies par la raison. Le héros a vu que nous gémissions sur les maux de la guerre, et il a renoncé à toutes ses conquêtes pour assurer notre tranquillité.

Napoléon avait supprimé la liberté de la presse. Louis nous la rend par sa constitution; mais cette constitution est presque aussitôt violée: la liberté de la presse n'existe que pour les esclaves; ceux qui ont des idées libérales sont condamnés au silence. Napoléon revient, et chacun peut manifester son opinion, peut attaquer les abus, peut repousser la calomnie.

Vous souriez, l'abbé? Je vous entends. La liberté de la presse est un hommage que l'Empereur des Français a fait au héros de l'île d'Elbe. Plus grand encore depuis son abaissement qu'il ne l'avait été sur le char de la victoire, la vérité, dites-vous, ne peut avoir rien d'effrayant pour lui. Pas mal raisonné. Mais convenez au moins qu'il est beau de reconnaître ses torts. Allons, l'abbé, suivez l'exemple d'un grand homme.

Louis XVIII s'était ouvertement déclaré pour les ennemis de la patrie. Les Séjans qui entouraient le trône de ce prince faible, qui gouvernaient en son nom, avaient l'impudeur d'accorder à des hommes couverts de crimes, la décoration que méritaient lés braves. Un St.-Ch......, un brigand connu par ses exploits sur les grands chemins du Languedoc et du Bas – Dauphiné, venait d'être revêtu du grade de maréchal-de-camp! Vingt-deux assassinats avaient été pour un autre un titre à la protection du monarque!

Napoléon écoute la voix publique, et un des premiers actes de son autorité est de confier l'administration de la seconde ville de l'empire à un magistrat renommé pour ses lumières et son intégrité. M. Fourier est préfet à Lyon.

La Drôme, accoutumée depuis long-temps à chérir la bonté de M. D'Escorches, craignait à chaque instant de se voir enlever ce fonctionnaire vertueux qui, au milieu des troubles, avait constamment refusé de seconder les projets de l'ennemi. Un décret impérial conserve à la Drôme son père et son bienfaiteur.

Bientôt les Carnot, les Fouché, tous ceux que les principes avaient trouvés fidèles, reprennent les places qu'ils auraient dû toujours occuper. La France politique se régénère ; et tandis que sa gloire est assurée par le génie du grand homme qui la gouverne, sa liberté repose sur les ministres que ce grand homme a choisis.

Savez-vous, l'abbé, qu'un gouvernement où les faveurs sont décernées au mérite, est pour le moins aussi solide que celui où les parchemins font tout ? savez-vous que la génération actuelle soutient l'état mieux que dix générations écoulées, et qu'un roturier instruit et courageux est plus utile à la patrie qu'un noble lâche et ignorant ?

Maintenant qu'il est prouvé que le peuple ne veut ni ne peut être régi par les Bourbons, je ne conçois pas comment il existe encore parmi nous des hommes qui préfèrent l'élévation de cette famille à la gloire, au bonheur de la France. Il est vrai que ces hommes ne sont pas Français, ils sont royalistes (1).

Je me souviens d'avoir entendu un de ces gens-là assurer qu'il aimerait mieux être

---

(1) Les royalistes, en France, ne sont pas ceux qui tiennent à l'état monarchique en général. On donne ce nom aux partisans de la dynastie proscrite.

sous la domination d'un tyran issu des Bourbons, que sous celle d'un Titus étranger à leur dynastie. Comment trouvez-vous cette idée, mon cher abbé? Elle mériterait une croix de St.-Louis ou les Petites-Maisons.

A propos, l'abbé, n'étiez-vous pas de ceux qui vantaient sans cesse l'affabilité de nos *princes légitimes?* Je voudrais que vous eussiez vu Napoléon dans nos provinces : ce n'était pas un roi, c'était un père qui s'entretenait avec ses enfans, qui leur parlait de son amour, du désir de les rendre heureux; c'était Henri IV dans le Béarn. On se rappelait les airs du *chevaleresque* comte d'Artois, et l'on trouvait le héros beaucoup moins hautain que le prince.

Faut-il encore, mon cher abbé, comparer les hommes qui sont dévoués à l'Empereur avec ceux qui servaient le Roi? faut-il vous citer un MAURY qui, en butte à de lâches et cruelles persécutions, a subi le malheur avec une dignité contre laquelle se brisaient toutes les calomnies? faut-il, après tous les grands dignitaires, vous nommer un STASSART que ses vertus, ses talens, que la reconnaissance des habitans de Vaucluse appellent aux premiers emplois? faut-il vous parler d'un Roussillac qui honora, qui défendit, dans son malheur, un souverain auquel il devait bien moins que tous ceux qui l'avaient trahi?

Et lorsque ces hommes respectables environnent Napoléon, lorsque les républicains embrassent son sceptre protecteur, lorsque le trône impérial est appuyé sur l'arbre de la liberté, on peut espérer de le renverser!

L'étranger ne l'osera pas : il l'oserait en vain. Les royalistes désintéressés ne s'armeront point pour défendre des princes qui ne les ont pas défendus contre celui qu'ils appelaient leur oppresseur. Les traîtres, les ennemis de la patrie fuiront un sol qu'ils n'auraient jamais dû profaner; et vous, l'abbé....., vous chanterez nos TE DEUM.

Çà, mon cher, êtes-vous content de moi, de mes principes? Je ne suis pas pédant, pour un jeune avocat. Point de citations, pas une sentence d'Helvétius, de Machiavel, de Montesquieu? Hem! vous me taxez d'ignorance? Ingrat! sentez ce que l'on fait pour vous.

Ah! ah! vous dites que mon style n'est

pas soutenu ; que mes réflexions sont jetées au hasard, qu'il n'y a point d'ordre, point de liaison dans mes idées ? Hé ! l'abbé, laissons cela aux orateurs : je vous adresse une lettre et non pas un discours.

Encore un mot. Ma plume est vierge de mensongères adulations, mon cœur adore l'héroïsme, mon front n'a jamais fléchi sous le joug. FRANCE, LIBERTÉ, NAPOLÉON, voilà ma devise : quelle est la vôtre, l'abbé ?

FIN.

IMPRIMERIE DE FAIN, PLACE DE L'ODÉON.